1 Mars 1884.

V

VENTE

Du Samedi 1er Mars 1884

HOTEL DROUOT, SALLE N° 3

ÉTOFFES ANCIENNES

Velours de Gênes — Brocarts
Broderies — Soieries brochées
Habits — Costumes — Tapis
Couvre-Lits

OBJETS DE CURIOSITÉ

LE TOUT

ARRIVANT D'ITALIE

Me Paul CHEVALLIER
COMMISSAIRE-PRISEUR
10, rue de la Grange-Batelière.

M. A. BLOCHE
EXPERT
44, rue Laffitte.

EXPOSITION PUBLIQUE

Le Vendredi 29 février 1884, de 1 heure 1/2 à 5 heures 1/2.

Y 91
2

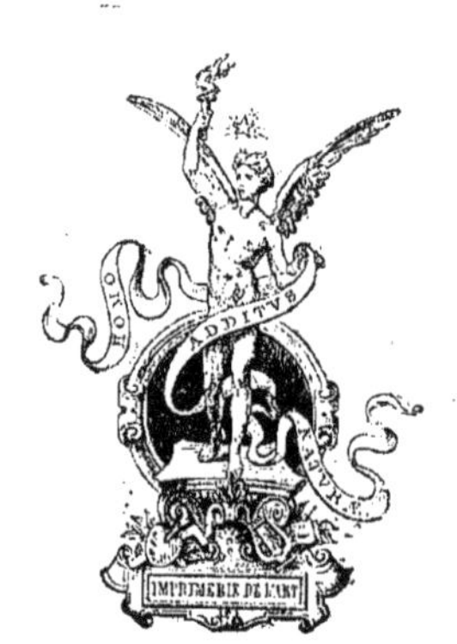
ADDITVS
IMPRIMERIE DE L'ART

CATALOGUE

DES

ÉTOFFES ANCIENNES

Velours de Gênes — Brocarts d'or et d'argent
Soieries brochées et brodées — Point de Hongrie
Habits — Costumes — Robes
Tapis — Couvre-lits — Bandeaux — Portières

Pièces de tentures et d'ameublement

OBJETS DE VITRINE

BOÎTES — MONTRES LOUIS XVI — RELIQUAIRES

CUIVRES GRAVÉS ET REPOUSSÉS

Le tout arrivant d'Italie

ET DONT LA VENTE AURA LIEU

HOTEL DROUOT, SALLE N° 3

Le Samedi 1er Mars 1884, à 2 heures.

Me PAUL CHEVALLIER	M. A. BLOCHE
COMMISSAIRE-PRISEUR	EXPERT
10, rue Grange-Batelière, 10	44, rue Laffitte, 44.

Chez lesquels se distribue le présent Catalogue.

EXPOSITION PUBLIQUE

Le Vendredi 29 Février 1884, de une heure et demie à cinq heures et demie.

CONDITIONS DE LA VENTE

La vente aura lieu expressément au comptant.

Les acquéreurs payeront en sus des enchères *cinq pour cent* applicables aux frais.

L'exposition mettant le public à même de se rendre compte de l'état des objets, il ne sera admis aucune réclamation une fois l'adjudication prononcée.

Paris. — Imp. de l'Art, J. Rouam, 41, rue de la Victoire.

DÉSIGNATION DES OBJETS

VELOURS ANCIENS

1 — Environ dix-neuf mètres de velours de Gênes, couleur cochenille, dessin ton sur ton, provenant de la voiture de gala du roi Charles-Albert, père de Victor-Emmanuel.

2 — Bel habit en velours épinglé violet, fond d'or. La jupe mesure environ quatre mètres de développement.

3 — Chasuble en velours vert à petit dessin ton sur ton, avec étole et manipule.

4 — Chasuble en velours vert à petit dessin, avec bande au milieu en velours uni.

5 — Trois coupons de velours de Gênes, couleur cochenille, à petit dessin ton sur ton quadrillé.

6 — Habit en velours épinglé. Époque Louis XV.

7 — Petit tapis rond en velours de Gênes, à petit dessin rouge sur fond blanc. XVIe siècle.

8 — Deux morceaux de velours uni, l'un bleu, l'autre rouge. XVIe siècle.

9-10 — Deux grands panneaux en velours de Gênes, fond jaune d'or, dessin à corbeilles de fleurs et rinceaux polychromes. XVIIIe siècle.

11 à 13 — Deux dalmatiques et une chasuble en velours de Gênes, dessin à grandes fleurs rouges sur fond crème. XVIIe siècle.

14 — Chasuble en velours de Gênes, fond vert à petits dessins. XVIe siècle.

15 — Chasuble en velours de Gênes ancien, fond vert à petits dessins avec bande en soie au centre.

16 — Chasuble en ancien velours de Gênes, fond rouge à petits dessins.

17 — Chasuble en ancien velours de Gênes, fond or, petits dessins rouges, avec armoirie appliquée.

18 — Bande en velours épinglé, fond rouge.

19 à 21 — Trois pièces, velours de Gênes.

BROCARTS — SATINS — SOIERIES

POINT DE HONGRIE

22 — Belle chasuble en soie rose brochée à fleurs or et argent. Époque Louis XV.

23 — Beau devant d'autel en brocart d'or, à fleurs brochées sur fond blanc. Époque Louis XIV.

24-25 — Deux petites dalmatiques en brocart d'or, à ornements et fleurs en couleurs sur fond crème. Époque Louis XIV.

26 — Morceau de soie à fleurs de couleurs brochées d'or et d'argent. Époque Louis XV.

27 — Chasuble en brocart d'argent, à fleurs brochées en couleur sur fond blanc. Époque Louis XV.

28 — Grande chape avec son chaperon en soie brochée d'argent, dessin ton sur ton.

29 — Couvre-lit en soie brochée à fleurs en couleurs et or sur fond saumon. Époque Louis XV.

30 — Petit tapis long, fond gris tourterelle, broché d'argent.

31 — Beau tapis en soie bleu de ciel brochée à fleurs, partie or, partie argent, et en soies de couleur. Époque Louis XIV.

32 — Grande et belle chape avec chaperon, en brocart d'argent fond bleu à fleurs. Époque Louis XIV.

33 — Petit tapis en soie, fond tissé d'or.

34 — Petit tapis en brocart d'or, fond rose à fleurs et feuillages.

35 — Couvre-lit, fond crème, broché à fleurs. Époque Louis XV.

36 — Petit tapis en brocart d'or, fond saumon.

37 — Grand tapis en brocart d'or, fond cerise à fleurs. Époque Louis XIV.

38 — Culotte en brocart d'or, fond violet à petits dessins.

39 — Morceau de soierie, fond violet, dessin tissé d'or.

40 — Grand et beau couvre-lit en gaze de soie blanche richement brodée, avec écusson au centre. Travail vénitien. Transparent en satin bleu clair.

41 — Devant d'autel en peluche bleu clair, orné de fleurs, de rinceaux et de vases en broderie appliquée. XVIIe siècle.

42 — Beau devant d'autel en velours rouge, à bordure de velours vert, orné de rinceaux, de fleurs et d'enroulements en broderie appliquée. XVIIe siècle.

43 — Chasuble avec ses accessoires, en soie rose brodée à fleurs en or et argent. XVIIe siècle.

44 — Chasuble en satin crème, brodée à grandes fleurs et ornements en soie et or.

45 — Portière en satin rouge, ornée de bouquets de fleurs et de motifs décoratifs en broderie de soie et d'or appliquée.

46 — Belle chasuble en soie blanche, enrichie de riches broderies d'or à fleurs et rinceaux. Époque Louis XIV.

47 — Dessus de coussin en filet vénitien brodé à armoirie au centre et de fleurs autour.

48 — Chasuble en soie blanche, rehaussée d'armoirie, de fleurs et de rinceaux en broderie d'or. Époque Louis XIV.

49 — Dessus de coussin en soie blanche brodée d'or et d'argent à fleurs et palmes.

50 — Dessus de coussin, fond blanc, orné de fleurs et de rinceaux brodés. Époque Louis XIII.

51 — Beau devant d'autel en drap d'or, richement brodé d'animaux, de fleurs et d'ornements. XVIIe siècle.

52-53 — Deux bandes en point de Hongrie, représentant en broderie de soie et d'argent des scènes allégoriques à la *Naissance d'Achille*, bordées de franges de soie. XVIIe siècle.

54 — Petit tapis en point de Hongrie, forme rectangulaire, offrant au centre un médaillon à paysage encadré de palmes brodées.

55 — Écran au point de Hongrie, offrant au centre en broderie un paysage encadré de rinceaux et de feuillages. XVIIe siècle.

56 à 59 — Quatre coussins en point de Hongrie, à fleurs, oiseaux, fruits et rinceaux brodés. XVIIe siècle.

60-61 — Deux coussins en point de Hongrie, offrant au centre en broderie des médaillons à paysages encadrés de fleurs et de rinceaux. XVIIe siècle.

62-63 — Deux autres dans le même genre.

64 — Petit tapis en point de Hongrie, brodé à corbeille de fleurs et rinceaux.

65 — Bandeau, fond tissé d'argent, avec broderie or et soie, représentant un paysage et des animaux. XVIIe siècle.

66 — Couvre-lit en soie crème brochée à fleurs, bordure soie rose. Époque Louis XVI.

67 — Tapis en soie fond lie de vin à petits dessins tissés.

68 — Chasuble en soie bleu clair brochée à fleurs. Époque Louis XV.

69 — Tapis en soie bleue brochée à fleurs. Époque Louis XV.

70 — Petit tapis en soie violette épinglée à fleurs.

71 — Tapis soie blanche brochée à fleurs.

72 — Environ dix mètres d'ancienne brocatelle.

73 — Couvre-lit, fond de soie mauve rayée à fleurs. Époque Louis XVI.

74 — Devant d'autel en soie jaune clair brochée à fleurs. Époque Louis XV.

75 à 79 — Cinq robes en satin cerise.

80 — Belle robe en satin crème à rayures et broché à petits bouquets. Époque Louis XVI.

81 — Robe en soie blanche brochée à bouquets de fleurs. Époque Louis XV.

82 — Robe en satin cerise.

83 — Robe en satin rose, dessin Pompadour.

84 — Robe en soie blanche brochée à dessins Pompadour.

85 — Robe en soie rose et blanche rayée. Époque Louis XVI.

86 — Robe couleur chamois.

87 — Robe en satin bleu broché. Époque Louis XV.

88 — Robe en satin bleu broché, dessin Pompadour.

89 — Robe en satin bleu. Époque Louis XV.

90 — Autre robe semblable.

91 — Robe en satin rouge broché à fleurs et côtelé. Époque Louis XV.

92 — Robe en satin saumon broché à fleurs. Époque Louis XV.

93 — Robe fond bleu quadrillé et brochée à fleurs. Époque Louis XV.

94 — Robe rouge brique à fleurs.

95 — Robe en soie verte brochée à fleurs. Époque Louis XV.

96 — Robe fond brun et vert. Époque Louis XV.

97 — Grande portière en peluche ancienne signée : *Thomma Elice Antonio 1701*, fond blanc à grands dessins polychromes.

98 — Devant d'autel en cuir de Cordoue, partie fond argenté, partie fond rouge, avec médaillon à figure de Saint. Époque Louis XIII.

99 — Tapis en velours de Gênes, fond vieil or, dessin vert, bordé d'une courte frange.

100 — Coupe de six mètres de velours de Gênes, dessin à parterre de fleurs.

101 — Devant d'autel en velours de Gênes, fond vieil or, dessin vert.

102 — Tapis en velours de Gênes, fond or.

103 — Tapis carré en velours de Gênes, fond jaune d'or, dessin à fleurs en rouge.

104 à 106 — Soixante glands. (Sera divisé.)

107 à 109 — Trois panneaux de tenture en toile imprimée, représentant des paysages.

BIJOUX

Objets de vitrine et de curiosité.

110 — Collier de trois rangs de perles fines.

111 — Croix processionnelle avec Christ en corail sculpté, enrichie d'émeraudes, de rubis et de perles, rondelles et ornements émaillés.

112 — Montre en or ciselé et gravé, offrant sur le boîtier un émail peint, portrait de femme, entouré de jargons. Époque Louis XVI.

113 — Ceinture tissée d'or, avec agrafe en argent niellé.

114 — Montre en or, avec entourage de perles.

115 — Médaillon en or émaillé et entouré de turquoises.

116 — Boîte en *lumacella*, monture or.

117 — Cachet en ivoire sculpté.

118 — Petit reliquaire en argent. Époque Louis XV.

119 — Petit portrait de femme, avec cadre en bas or.

120 — Étui de flacon en nacre incrusté d'argent. Époque Louis XVI.

121 — Bonbonnière en émail de Saxe, fond blanc à rehauts d'or. Époque Louis XV.

122 — Petite guitare incrustée de burgau.

123 — Pipe d'Allemagne, décorée de la prise du pont d'Arcole.

124 — Boîte en écaille. Époque Louis XVI.

125 — Boîte en écaille. Époque Louis XVI.

126 — Boîte de Saxe, décor fleurs, monture argent.

127 — Boîte en émail de Saxe, avec portrait de femme sur le couvercle.

128 — Tabatière en argent gravé et doré à rocailles. Époque Louis XV.

129 — Boîte en émail de Saxe, décor représentant la Balançoire, encadrée de rocailles.

130 — Boîte en agate à double compartiment.

131 — Bonbonnière en porphyre oriental, monture or.

132 — Tabatière oblongue en vermeil gravé et ciselé. Époque Louis XV.

133 — Boîte en calcédoine, montée en argent.

134 — Petite guitare ancienne.

135 — Croix en filigrane d'argent. Époque Louis XIII.

136 — Montre en argent, avec ornements d'or rouge et or vert, enrichie de pierrerie.

137 — Petite guitare en écaille et argent.

138-140 — Trois bagues, camées anciens. (Seront vendues séparément.)

141 — Boîte à bétel en émail peint de Chine.

142 — Petit nécessaire en ivoire, forme botte d'asperges.

143 — Petit coffret en nacre.

144 — Montre en cuivre, avec émail peint sur la boîte. Époque Louis XVI.

145 — Petite boîte en bois de santal incrusté de nacre, d'écaille, d'ivoire et d'argent.

146 — Grande jardinière ovale en cuivre rouge. Époque Louis XIII.

147 — Soufflet en bois sculpté et cuir de Cordoue. XVIe siècle.

148 — Jardinière ronde en cuivre décorée de rinceaux. XVIe siècle.

149 — Panier en cuivre repercé.

150 — Petite jardinière en cuivre gravé.

151 — Autre en cuivre rouge.

152-153 — Deux vases persans ornés d'incrustations.

154 — Vase vénitien avec portraits des doges.

155 — Jardinière oblongue en cuivre.

156 — Miroir biseauté, avec cadre en terre cuite.

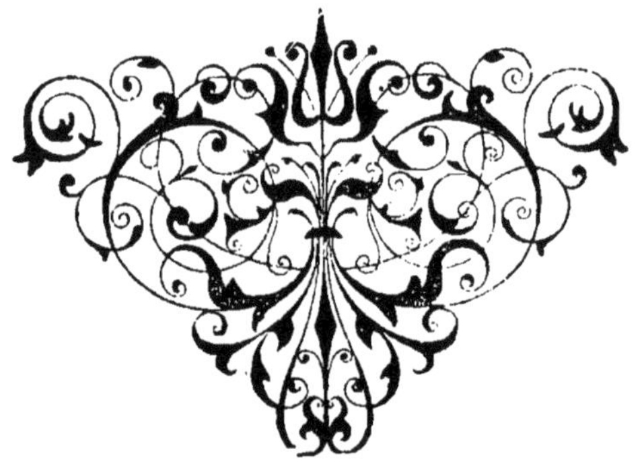

www.ingramcontent.com/pod-product-compliance
Ingram Content Group UK Ltd.
Pitfield, Milton Keynes, MK11 3LW, UK
UKHW022153260726
13993UKWH00005B/2336

9 782329 503035